数学家江泽涵
和他的老师、朋友、学生和家人

江丕桓　江丕权　江丕栋◎编

北京大学出版社
PEKING UNIVERSITY PRESS

1902–1994

目录

序 言
/ 4

江泽涵影集
/ 7

江泽涵生平
/ 211

人名索引
/ 227

后 记
/ 238

序言

江先生是我的导师，是他把我领进了数学研究的大门。

江泽涵先生是我国现代数学教育的奠基者之一，也是在国内开展和领导现代数学研究的先驱者之一。北京大学是我国最早设立数学系的，正是江先生1931年海外留学归来后，锐意改革，北大数学系的教学、科研才真正走到全国的前列。江先生主持北大数学系工作近20年，1952年院系调整后又全身心投入建设、发展新北大数学系的宏大事业，以身作则，是为北大数学学科严谨、开放、团结、奋进的学风建设之光辉榜样。

拓扑学是20世纪标志性的数学学科，数学家陈省身、吴文俊做出过重大贡献，江先生正是把拓扑学引入中国的第一人。他始终以主要精力从事拓扑学的教学和传播，为中国拓扑学人才的培养做出了不可磨灭的贡献。在花甲之年，江先生再次率领学生们开展科研工作，取得了出色的成果，并在艰难的环境中坚持著书立说，被国外学者喻为"挺过寒冬、重焕生机的西伯利亚柳树"。可以说，在北大的历史中，在中国现代数学的成长过程中,在我们国家百年巨变的洪流中,江先生留下了自己清晰的脚印。

时至今日,江先生离开我们已有近25年了,他的儿子们整理家里的大量老照片,选编出这本影像集,着实给了我一个惊喜。顺着历史的脉络,从许多不同的角度,这些照片记录了江先生献身我国教育与科学事业的一生,记录了他的为人和情怀,记录了奋斗的艰辛和时代的变迁,非常生动、丰满,是文字资料所不能比拟的。与纪念江先生的文集《数学泰斗 世代宗师》(北京大学出版社,1998)放在一起,相得益彰。

使我特别感动的是整理者在耄耋之年坚持完成这件极其费力的工作。不论对于年长的还是年轻的读者,这本影像集都能唤起我们鲜活的历史记忆,带给我们珍贵的精神财富,激励我们继承前辈的事业,永远向前。

姜伯驹

江泽涵
摄于 1926 年 6 月

江泽涵影集

1902年10月6日，江泽涵出生于安徽省旌德县江村。江村位于皖南山区黄山脚下，风景秀丽。

江泽涵故居的航拍照片（摄于2017年）

江泽涵故居（摄于2004年）

父亲江世才（1875—1938）　　母亲胡隽音（1876—1938）

江冬秀是江泽涵伯父的女儿，是比江泽涵大 12 岁的堂姐。年幼时同住在江村一个叫作"悦心堂"的大型民宅里，姐姐在生活上很是照顾这个弟弟。

江泽涵的堂姐江冬秀（1890—1975）

胡适与江冬秀合影

1917 年 12 月，美国留学回来的胡适与江冬秀完婚。次年 6 月，江冬秀来北平定居，先住南池子缎库后胡同 8 号，后来迁至北河沿钟鼓寺 14 号。

1918年11月，因母亲逝世，胡适归乡奔丧。次年1月，胡适返回北平，把江泽涵带到北平住在自己家中。江泽涵准备投考学校。

1924年，胡适在北京钟鼓寺14号住宅的院子里

数学家江泽涵和他的老师、朋友、学生和家人

江泽涵 19 岁时的照片

1919年，江泽涵被天津南开中学录取为二年级学生；1922年从南开中学毕业后，升入南开大学，就读算学系。这是江泽涵在学生时代的照片。

江泽涵（左），时年21岁

数学家江泽涵和他的老师、朋友、学生和家人

姜立夫先生1929年的画像

　　姜立夫（1890—1978），我国著名数学家，中国近代数学的开拓者之一。姜立夫先生从美国哈佛大学获得博士学位归国后，于1920年创办了南开大学算学系。建系之初的几年里，只有他一位教师，每学期同时开设几门课程。

1926年秋，姜立夫先生受聘到厦门大学任数学系教授，江泽涵同去任助教。

1926年，厦门大学员工合影
下图是上图的截图，标明的三人左起：江泽涵、姜立夫、鲁迅

江泽涵结识了在胡适家任家教的蒋守方，1927年和蒋守方结婚。蒋守方，又名圭贞，浙江省东阳市人，1905年出生，1922年入北京大学预科，两年后转入本科数学系，1926年后曾在厦门大学和上海大同大学借读，1927年北京大学数学系毕业。

蒋守方（圭贞）

1927年,江泽涵考取清华公费留美生,9月乘船赴美国。是年胡适一家迁居上海,住极司非尔路49号。

家人在上海到邮轮上欢送江泽涵启程赴美
后排左起:胡适、江冬秀、蒋守方、江泽涵
前排的两个小孩是胡祖望和胡思杜

1927年9月,江泽涵在Jackson总统号邮轮上

1927年秋季,江泽涵进入哈佛大学研究院数学系学习,师从 Marston Morse(1892—1977)。

1928年7月,江泽涵在美国纽约州绮色佳城(Ithaca,今译伊萨卡)

1929年2月,江泽涵与刘晋年(右)摄于哈佛大学 Divinity Hall

在哈佛大学学习的还有班次高些的南开大学毕业生刘晋年。刘晋年(1904—1968)是天津人,1924年南开大学毕业,是南开大学算学系第一位毕业生。1925年刘晋年考取清华大学第一届公费留美生,1930年获哈佛大学博士学位。回国后任南开大学算学系教授。

1929年夏，江泽涵夫人蒋守方赴美，入哈佛大学 Radcliffe 学院，半工半读。

1929年10月，江泽涵夫妇摄于美国马萨诸塞州剑桥市寓所

1930年1月，江泽涵夫妇摄于美国马萨诸塞州剑桥市公立图书馆前

数学家江泽涵和他的老师、朋友、学生和家人

1930年7月,长子江丕桓在美国马萨诸塞州剑桥市出生

1930年6月,江泽涵获哈佛大学哲学博士学位。随后,应拓扑学大师 S. Lefschetz(1884—1972)的邀请,赴普林斯顿大学做研究助教一年。夫人蒋守方也转学到新泽西州立罗格斯(Rutgers)大学数学系,一年后获硕士学位。

1931年5月摄于普林斯顿大学

1931年8月，江泽涵应北京大学聘请，任数学系教授。一家人汇聚北平。

一家人在北平（摄于1931年10月）
后排左起：胡祖望、蒋守方、江泽涵、江冬秀、江静秀（江泽涵胞妹）
前排左起：胡思杜、江世才、江丕桓

1932年次子丕权出生,1934年幼子丕栋出生。

1936年,全家于北平景山东大街7号寓所
前排左起:丕桓、丕栋、丕权

1931年江泽涵应聘到北京大学数学系任教授时,系主任是冯祖荀。1934年江泽涵接替冯祖荀任数学系主任。数学系的教授除冯祖荀和江泽涵以外,最初有赵淞和W. F. Osgood,后来增聘有申又枨、程毓淮。

1936年摄于北京大学理学院,当时北京大学数学系教授仅此五人
左起:赵淞、冯祖荀、W. F. Osgood、申又枨、江泽涵

初到北大数学系任教，江泽涵第一年教一、二年级的基础课，然后随班前进，到第三年才教完四个年级。主要责任是整顿教学风气，严格教学和考试纪律。当时的学生有孙树本、赵叔玉（女）、张禾瑞、李盛华、樊𡎚、王湘浩、龙季和等。

回国后的第一年除了任北京大学数学系教授，江泽涵同时在清华大学兼课。当时清华大学数学系已经招收研究生，江泽涵兼职教授拓扑学，每周一次。这是国内第一次开设拓扑学这门课。当时听课的研究生有南开大学毕业的陈省身和吴大任。

江泽涵到北大任教时教的第一届学生（1931年入学）的合影
前排左一是张禾瑞，右二是孙树本；后排左一是赵叔玉

数学家江泽涵和他的老师、朋友、学生和家人

1935年北大数学系师生的合影（摄于北京大学理学院）
孙树本（左一），江泽涵（左三），张禾瑞（右一）

这是江泽涵在南开大学的成绩单。他于1922年入学,1926年提前毕业,所以成绩单上只有七个学期的记录(1922年秋季学期至1925年秋季学期)。成绩单上填入的家长是父亲江世才,永久通信处填入的是"北京后门内钟鼓寺14号"(即胡适的住宅)。

江泽涵在南开大学的毕业照

数学家江泽涵和他的老师、朋友、学生和家人

摄于 1926 年 6 月，右图是照片背面的自题词

卧薪尝胆

十五、六

1936年北京大学数学系师生的合影
李盛华（左三）、W. F. Osgood（左四）、冯祖荀（左五）、孙树本（右二）、王湘浩（右一）

数学家江泽涵和他的老师、朋友、学生和家人

德国微分几何大师 Wilhelm Blaschke（1885—1962）来北京大学讲学。

1932年4月德国 Blaschke 教授在北京大学讲学时的合影

德國布拉希開教授講學紀念

江泽涵影集

6 严济慈，7 范会国，8 熊庆来，9 胡浚济，10 姜立夫，11 赵进义，12 刘树杞，13 Blaschke，14 冯祖荀，15 顾澄，16 傅种孙，17 杨武之，18 杜燮昌，19 赵淞，20 陈鹓，21 吴大任，22 陈承琪

注：照片中人物的识别录自吴大任编《姜立夫（1890—1978）教授纪念册》，南开大学出版社，1989年9月第1版。

31 李观博，33 陈省身，34 丁寿田，37 巩宪文，42 刘书琴，43 刘晋年，45 江泽涵，46 郑之蕃，49 赵树凯，54 冷蜀德，55 斯雅珊，56 赵叔玉

美国数学家、控制论的创始人 N. Wiener（1894—1964）于 1935 年至 1936 年在清华大学任访问教授。1936 年法国数学家 J. Hadamard（1865—1963）来中国，在清华大学讲学三个月。这是当时中国数学界的盛事。

法国数学家 J. Hadamard 和美国数学家 N. Wiener 在清华大学和校长、教师们的合影

注：本页照片是熊秉衡提供的。

1 熊庆来　　2 N. Wiener　　3 杨葆康（沈履夫人）　　4 姜菊缘（熊庆来夫人）
5 Hadamard 夫人　　6 韩咏华（梅贻琦夫人）　　7 王蒂澂（周培源夫人）　　8 Wiener 夫人
10 郑之藩　　11 曾远荣　　13 周培源　　14 江泽涵
16 梅贻琦　　17 J. Hadamard　　22 蒋梦麟　　23 潘光旦
25 杨武之　　26 顾毓秀　　27 沈履

江泽涵影集

1935年"双十节"北京大学教授们在北海公园游园
前排：张景钺（左一）、W. F. Osgood（左三）、崔之兰（左四）、冯祖荀（右三）、饶毓泰（右二）、江泽涵（右一）
后排左起：申又枨、赵淞、樊际昌

1936年摄
左起：江泽涵、樊际昌、W. F. Osgood、张景钺

1935年9月，北京大学新图书馆建成，在屋顶平台上举行了庆祝会。

胡适和 W. F. Osgood

北京大学教务长樊际昌和 W. F. Osgood

江泽涵夫妇和长子、次子

北大安徽同乡会欢送三位同学毕业时的合影（1935年6月）
左三：江泽涵，左四：胡适

南开大学老同学的聚会（摄于1935年4月7日）
左起：陈同度、蒋东斗、申又枨、江泽涵

一年以后（1936年）老同学再次相聚
左起：蒋东斗、陈同度、江泽涵、申又枨

按照当时北京大学的规定，教授任教五年后可休假一年，如去国外进修，则另外补助旅费等。江泽涵申请去美国普林斯顿高等研究院进修一年。数学系主任由申又枨代理。

南开大学校友会北大分会集会欢送江泽涵（前排左二）出国进修
摄于 1936 年 5 月 24 日

江泽涵在去美国的 Jefferson 总统号邮轮上
（1936 年 9 月）

1936 年 10 月 24 日摄于普林斯顿大学的 Nassau Hall

数学家江泽涵和他的老师、朋友、学生和家人

1937 年 4 月 22 日摄于普林斯顿大学图书馆

1937 年 5 月摄于普林斯顿

1937年6月一年进修期满,启程回国。一年前去美国时乘邮轮横渡太平洋,回程江泽涵选择了横渡大西洋取道欧洲,再乘火车经西伯利亚铁路回国。

1937年6月途经巴黎时和陈省身(左)、吴大任(右)合影

1937年6月在德国汉堡与陈鹉(中)和吴大任(右)合影

江泽涵乘火车途经德国、波兰、苏联,经东北回到北平。到家的日子是1937年7月6日,第二天七七事变爆发。

全家在北平景山东大街寓所(摄于1937年7月)

七七事变后，日本军队占领了北平。8月，江泽涵全家五人、江冬秀携次子胡思杜二人乘火车离开北平到天津。当时胡适和长子胡祖望已在南方。在天津英国租界里，江泽涵一家暂住在北大同事郑昕教授的岳父家，江冬秀母子暂住在胡适好友朱继圣家。

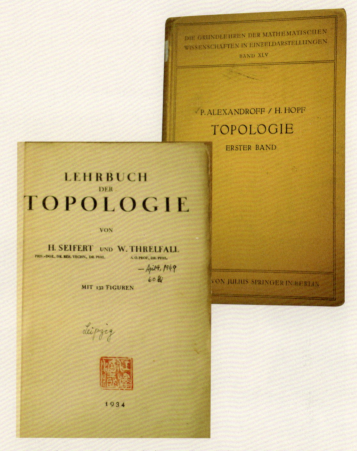

江泽涵离开北平时，行李中只能带两本书，其中之一就是1934年Seifert和Threlfall出版的 *Lehrbuch der Topologie*，另一本是Alexandroff和Hopf撰写的 *Topologie*

江泽涵影集

江泽涵全家在天津住了一个月，然后经过南京、芜湖、宣城，在农历中秋辗转回到了旌德县江村的老家。9月北京大学、清华大学、南开大学迁到湖南长沙，成立了国立长沙临时大学，江泽涵奉召赴长沙，后又返回江村接夫人和次子丕权去长沙。1938年1月政府决定将临时大学迁到云南昆明，2月江泽涵携夫人和次子南下广州，从香港乘海轮到越南（当时是法国殖民地，称安南），经海防乘滇越铁路到昆明。4月国立长沙临时大学改称国立西南联合大学。

　　中国政府派胡适赴美任中国驻美大使。江冬秀和胡思杜南下，住在上海外国租界里。

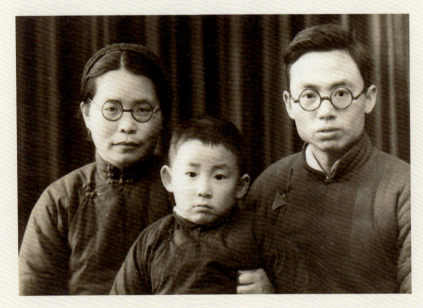

江泽涵回江村携夫人和
次子丕权赴昆明的证件照

1938年8月,江泽涵再次由昆明返江村接丕桓和丕栋,经温州到上海。那时江冬秀和次子胡思杜已到上海,江泽涵父子三人途经上海时住在她家里,等到海轮后,经香港到海防,再乘火车经滇越铁路到昆明。

第二次由江村赴昆明的证件照

1939年5月,为避空袭,全家迁往昆明郊外西山华亭寺内居住。三子均未入学,由夫人在家启蒙授课。江泽涵要下山乘船过滇池,到昆明市内的西南联大上课。

全家摄于昆明市西山华亭寺山门(1939年)

一起到昆明的还有江泽涵的堂侄江丕莹（1913—1986）。

于昆明西山脚下滇池边（摄于1940年）
江泽涵（右）、江丕莹（左）和兄弟三人

1938年5月,西南联大开始上课。江泽涵受聘为算学系主任。当时在算学系任教的有姜立夫、杨武之、赵访熊等,以及青年教授陈省身和华罗庚。

江泽涵和1939年的毕业生合影
前排左起:蒋观河、江泽涵、谭文耀
后排左起:栾汝书、李珍焕、青义学

1938年，在西南联合大学数学系录取的新生里有一个名叫江泽坚的青年，他也是安徽省旌德县人，5岁时随全家迁居南京。皖南江氏是一个很大的家族，名字里的"泽"字代表辈分。1941年江泽坚的胞弟江泽培也考入西南联合大学算学系。

江泽坚（1921—2005），1948年任清华大学教员，1952年院系调整时调到东北人民大学（现吉林大学）组建数学系，后来是数学系教授，吉林大学数学研究所所长。

江泽培（1923—2004），1946年大学毕业后在北京大学任教，曾任概率统计教研室主任。

江泽坚

江泽培

江泽涵的两位老师，夫人和三个孩子（1939年2月）
后排左起：饶毓泰、蒋守方、姜立夫

后排左起：申又枨、江泽涵、刘晋年和三个孩子在昆明（摄于1941年1月）

1940年全家和申又枨（后排右）在昆明西山华亭寺

毛子水（1893—1988），名准，字子水。人称五四时代"百科全书式学者"。1932年起任北京大学图书馆馆长，抗日战争期间任西南联大历史学系教授。

1944年3月，江泽涵和毛子水（右）在昆明

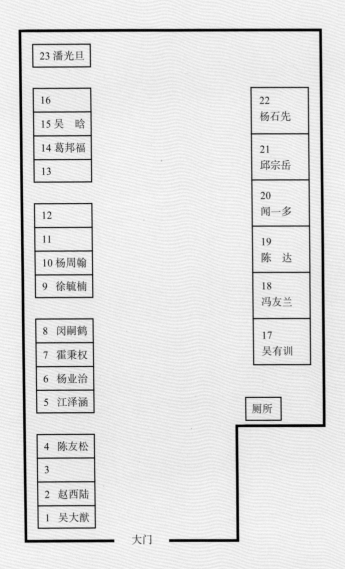

1945年年初，西南联大在昆明西仓坡建了一个教职员宿舍。这是一个有23户的大院，院内都是瓦顶平房。回忆起来的一些住户见左图。江泽涵一家住在第5号。

住在最靠近大门的第1号的是吴大猷夫妇。吴大猷（1907—2000），著名物理学家，1929年毕业于南开大学，1933年在美国获博士学位，1934年起在北京大学、西南联大任教。

阮冠世（左，吴大猷夫人）、赵萝蕤、吴大猷（右）
赵萝蕤（1912—1998），著名翻译家和比较文学家，是陈梦家（著名考古学家、诗人）的夫人

在抗日战争时期，学校经费短少，新书和期刊也难得到。胡适当时任驻美大使，和江泽涵常有信件来往，关心抗战后方学术工作的困难。1941年，波兰数学家 W. Hurewicz 和美国数学家 H. Wallman 合著的 *Dimension Theory* 一书出版，胡适购得此书，寄到昆明给江泽涵。当时国际邮件很贵，为了省钱胡适把硬书皮撕去，用航空快件邮寄到昆明。他还在书上写了几句话，大意是："我不懂数学，这本新版的书我相信对泽涵有用。"收到书后江泽涵重新裱装了一个深红色布面硬书皮。后来好几位拓扑研究组的同事都仔细读过这本书，还组织过讨论班，分头轮流作报告。

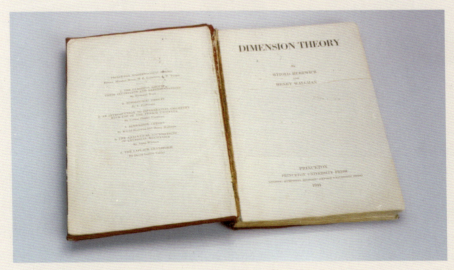

抗战期间胡适从美国寄到昆明的书

抗日战争胜利后,西南联大完成历史使命,1946年5月4日宣告结束。北大、清华、南开三所大学陆续迁回北平、天津,恢复原校。江泽涵全家6月4日离昆明经重庆,于7月19日抵达北平。

1946年5月摄于昆明

1946年6月离开昆明前的全家照
后排右二是亲戚汪裕成

1946年，北京大学迁回北平，在沙滩红楼、马神庙等旧址复校。学校当局觅得多处房产作为教授宿舍。中老胡同32号原是清朝末年珍妃的娘家，抗日战争时期遭到破坏性拆除和改造，收归北大以后，这个深宅大院被改成教授宿舍。直到1952年夏，江泽涵全家一直居住在这里。

中老胡同32号宿舍的大门。倚门站立的少年是孙超（孙云铸之子）

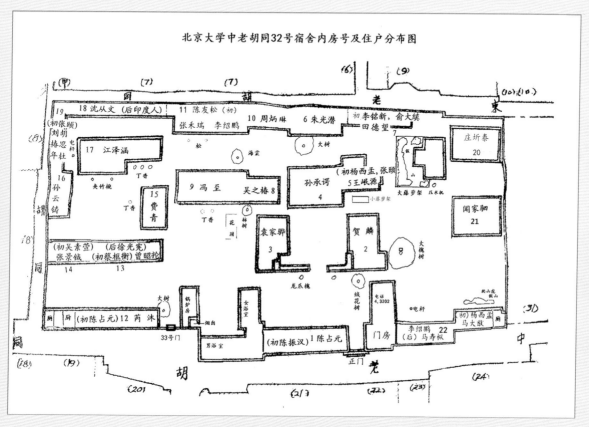

中老胡同 32 号宿舍的平面图及住户
引自《中老胡同三十二号》，由北京大学出版社于 2011 年出版

数学家江泽涵和他的老师、朋友、学生和家人

1946年7月，全家摄于北平中老胡同32号院内

抗战开始后胡适奉派赴美国，江冬秀和思杜逃离北平后，先在天津朋友家住了两三个月，然后到上海居住。胡适于1946年由美国返回中国，就任北京大学校长。江冬秀也回到北平，与胡适一起住在北平东厂胡同1号的北大校长住宅内。

胡适全家于北平东厂胡同1号北大校长住宅（摄于1948年）
后排左起：胡祖望，胡思杜

数学家江泽涵和他的老师、朋友、学生和家人

北京大学数学系教师游颐和园（1947年4月）
站立者：庄圻泰（左二）、彭清杰（左四，图书室管理员）、聂灵沼（左六）、廖山涛（右四）、孙树本（右三）、魏执权（右二）、孙以丰（右一）
下蹲者左起：王寿仁、程民德、马良、江泽培

七七事变后,江泽涵回到了皖南旌德乡下,以为有时间来翻译 Seifert 和 Threlfall 合著的 *Lehrbuch der Topologie*。那年年底,江泽涵到了长沙的临时大学,这本书的翻译工作才真正开始。江泽涵 1938 年年初到昆明的西南联合大学,1946 年中才回到北平的北京大学。从立意翻译开始到完成,经过了差不多整整十年。这十年中时译时停,经过了很多次的修改与抄写,到 1947 年才交付出版社。

这是第一本中文拓扑书,最初于 1949 年由商务印书馆出版
译自 1934 年 Seifert 和 Threlfall 的德文原著 *Lehrbuch der Topologie*

1947年8月，江泽涵再次获得两年的学术休假，决定去瑞士苏黎世国立高等理工学院数学研究所 H. Hopf 处进修。由申又枨代理北大数学系主任。临行前数学系全体教职员工摄影留念。

1947年8月，江泽涵临出国前摄于北京大学理学院荷花池旁
站立者左起：韩春林、孙树本、廖山涛、聂灵沼、关肇直、？、彭清杰
（续）孙以丰、魏执权、程民德、龙季和、王湘浩、江泽培、申又枨、江泽涵、张禾瑞、庄圻泰、冷生明
下蹲者：王寿仁、马良

1947年8月江泽涵临出国前摄于数学系院内

后排：孙树本、龙季和、？、程民德、庄圻泰、江泽涵、王湘浩、申又枨、廖山涛、
（续）张禾瑞、聂灵沼、魏执权、孙以丰、冷生明、关肇直、彭清杰
下蹲者：韩春林、王寿仁、马良、江泽培

数学家江泽涵和他的老师、朋友、学生和家人

1947年8月，江泽涵临出国前和程民德（左）、关肇直（右）的合影

江泽涵临行前一日和家人的合影（1947年8月6日）

江泽涵从香港乘船先到英国，于1947年10月抵达瑞士。

船经停印度孟买时，和同船旅客上岸所摄（1947年9月）

1948年2月摄于瑞士苏黎世

1948 年 2 月摄于瑞士苏黎世，右图为照片背面的手书

江泽涵在瑞士苏黎世国立高等理工学院（德文简称 ETH）数学研究所进修。老师是国际知名拓扑学权威 H. Hopf。

H. Hopf 和夫人（摄于 1948 年 11 月）

H. Hopf 和他的学生 E. Specker（1949 年摄于法国）

江泽涵去德国海德堡访问了 Seifert 和 Threlfall 教授，告诉他们把两人合著的教科书翻译成中文了。他们很高兴。

江泽涵和 E. Specker 在法国斯特拉斯堡大教堂上
（摄于 1949 年 3 月）

W. Threlfall（摄于 1948 年）

在欧洲当时有不少从中国来的学生、学者,江泽涵旅欧期间,多有拜访与交流。

1948 年 9 月在法国斯特拉斯堡橘园
左起:金星南、严志达、江泽涵、余家荣、吴文俊

汪敬熙（1898—1968），1919年毕业于北京大学，参与了新文化运动。20世纪30年代曾任北京大学教授，中央研究院心理研究所所长。1948年在巴黎参加联合国科教文组织工作。

1948年吴文俊在瑞士

江泽涵在法国巴黎，与汪敬熙（右）和夫人（摄于1949年4月）

1949年5月,两年的进修期已满,是时候回国了。

殷宏章(1908—1992),著名植物生理学家。1955年选聘为中国科学院学部委员,曾任中国科学院上海植物生理研究所所长。

在英国南安普顿登船回国(摄于1949年5月4日)

船到印度孟买时见到了当时在联合国教科文组织任职的殷宏章(摄于1949年5月19日)

1949年6月1日摄于新加坡

船行约一个月才抵达终点香港。当时，国民党统治已土崩瓦解，退缩到西南、华南部分地区和台湾。国民党政府又宣布用海军封锁渤海湾以切断香港与天津、北平的海上交通。江泽涵被迫在香港滞留。当时江冬秀在台湾（胡适当时在美国），姜立夫先生也随研究机构迁到台湾。江泽涵购得五日往返机票，赴台湾看望江冬秀、姜立夫以及已到台湾的原北京大学同事毛子水、钱思亮和傅斯年等。

1949年6月摄于马来西亚槟城

1949年6月摄于香港

北上的船只没有客轮,偶有货轮,可以带少许旅客。1949年7月江泽涵终于等到了一艘开往天津塘沽的英国货轮。货轮没有载运旅客的条件,只有统舱。同行的还有刚从美国获得博士学位的王湘浩和几个从印尼回国的中学生。货轮以开往韩国仁川为名,在仁川等待时机闯过封锁线,再在当夜闯到塘沽港,江泽涵终于1949年8月8日回到北平。

北上的英国货轮上的统舱

全家在北平团聚（摄于 1949 年 9 月）

回到北平后，江泽涵继续担任北京大学数学系教授兼系主任。

数学系师生游北海公园（摄于1949年8月，图中部分人员见下页）

3 江泽涵，4 王湘浩，5 王寿仁，6 马良，9 孙树本
12 申又枨，13 许宝騄，15 江泽培，16 庄圻泰，17 赵仲哲

江泽涵影集

江泽涵（中）与吴鸣锵、赵仲哲、柳孟辉、赵惠元等研究生合影（1949年8月摄于北平太庙）

刚从美国获得博士学位的王湘浩到北大任教（1949年8月摄于北海九龙壁）

全家在中老胡同 32 号寓所前（摄于 1949 年 12 月）

数学家江泽涵和他的老师、朋友、学生和家人

江泽涵夫妇于中老胡同 32 号院内（摄于 1950 年 8 月）

中国数学会于1951年8月15日至25日在北京召开第一次全国代表大会。与会代表78人，华罗庚当选为理事长，江泽涵和陈建功当选为副理事长。

中国数学会第一次全国代表大会代表集体合影

1952年全国大专院校进行院系调整，清华、燕京两校数学系并入北大数学系，改名为数学力学系，系主任由原清华大学数学系系主任段学复担任，江泽涵任几何教研室主任。寓所搬离市内的中老胡同32号，迁至海淀北京大学新址（原燕京大学校址）燕南园51号。

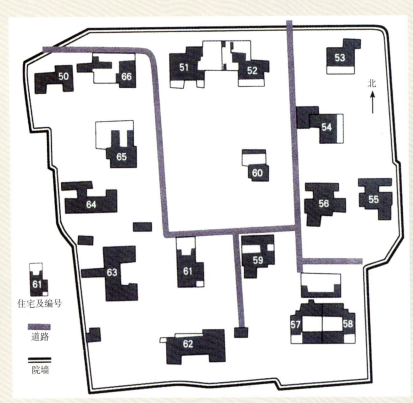

院系调整后燕南园的初期住户

50 严仁赓
51 江泽涵，饶毓泰
52 黄子卿，邵循正
53 沈同，齐思和
54 冯友兰
55 蒋荫恩
56 周培源
57 江隆基
58 汤用彤
59 褚圣麟
60 王力
61 侯仁之
62 王宪钧，林庚
63 马寅初
64 赵占元
65 郑昕
66 向达

北京大学燕南园

燕南园 51 号被分割成两家。江泽涵一家住在西侧，饶毓泰住在东侧。

燕南园 51 号的西面（左）和南面（右）

住在北京大学燕南园的还有郑昕一家。郑昕（1905—1974），原名秉璧，是北京大学哲学系教授、主任。江泽涵和郑昕先后毕业于南开大学，30年代同在北京大学任教。日军侵占北平后，江泽涵一家逃离北平后曾暂住郑昕在天津的岳父家中，随后一同到昆明西南联大任教，抗战胜利后又同在北京大学任教。

1954年全家在北京大学燕南园51号前

江泽涵全家与郑昕全家1954年摄于北京大学燕南园
左起：江静秀、江泽涵、江丕栋、蒋守方、江丕桓、郑昕、江丕权、房季娴（郑昕夫人）

两个老友在北戴河休养所相聚（摄于 1953 年 8 月）
刘晋年（左）和江泽涵（右）

北京市总工会工人休养所（地点：北戴河，时间：1953 年 8 月）
坐在台阶上的第二排：江泽涵（左一）、季羡林（左三）

江泽涵夫妇，1954 年摄于北京大学燕南园 51 号寓所

1955年中国科学院成立学部,江泽涵当选为物理学数学化学部委员。同时当选的北京大学数学力学系教授还有段学复、许宝騄、周培源。

1955年的学部委员聘书

1956年摄于北京

中国科学院数理化学部委员投票选举学部常务委员（摄于1955年6月）
排队投票者左起：赵忠尧、周培源、吴有训、陈建功、苏步青、江泽涵
背靠窗站立者是工作人员邓稼先

数学家江泽涵和他的老师、朋友、学生和家人

1956年7月江泽涵（左四）和几何拓扑组毕业班合影
部分学生名单：罗双泉、闵均泰、张一鸣、孙振祖、施在明

孙承谔（1911—1991），著名物理化学家，长期担任北京大学化学系主任。

1957年摄于北京大学校园
左起：孙承谔、江泽涵、蒋守方、黄淑清（孙承谔夫人）

1957年数学力学系几何教研室师生游颐和园。

后排左起：吴光磊、陈杰、丁石孙、江泽涵、陈藻苹、廖山涛、程庆明
中排左起：罗双泉、聂灵沼、裘光明、孙振祖、谭鼐、张美洵
前排左起：闵均泰、郭悦成、梅向明、吴振德、刘时衡

前排左起：张美洵、吴振德、廖山涛、谭鼐、刘时衡、江泽涵、裘光明、梅向明、吴光磊、陈藻苹
后排左起：罗双泉、孙振祖、闵均泰

数学家江泽涵和他的老师、朋友、学生和家人

江泽涵（左）和吴光磊（右）在游船上

廖山涛（左一）和江泽涵（左二）在游船上

1957年5月，北京大学举行集会，庆祝江泽涵和申又枨任教30周年。

讲话者：校长江隆基
坐者：江泽涵（右三），申又枨（右四）

数学家江泽涵和他的老师、朋友、学生和家人

1957年北京大学数学力学系拓扑、几何、代数、实变、复变专门化部分毕业生和教师的合影
前排左起：聂灵沼、廖山涛、陈杰、吴祖基、庄圻泰、周培源、段学复、江泽涵、
程民德（以上是教师）、苏智贤、袁妙恩
中排左起：金通洸、徐祥棣、常心怡、郑汉鼎、萧赣雄、陈子岐、方企勤、薛耀昉、万伟勋、史书中、荀白涛
后排左起：胡展、姜伯驹、吴嘉瑞、邓东皋、谢育先、涂克仁、汪林、张常基、林国宁、朱康如、孔德卿、许万蓉

1958年姜立夫先生到北京大学家中看望学生江泽涵

数学家江泽涵和他的老师、朋友、学生和家人

1959年7月,北京大学数学力学系1954级数学专业毕业生和教师的合影
前排左起:胡迪、张尧庭、吴德伟、聂灵沼、梅向明、程民德、段学复、刘沙、周培源、江泽涵、许宝騄、周毓麟、张芷芬、卢崇飞

1959年，江泽涵当选为第三届全国政协委员（连任四、五、六届政协委员，至1988年）。政协组织委员们到全国各地视察和游览。

1959年4月政协委员们在黄山（站立者右五是江泽涵）

数学家江泽涵和他的老师、朋友、学生和家人

在黄山迎客松前

1949年江泽涵到台湾看望江冬秀，离别时江冬秀送到家门口，握别时她已泣不成声，预感到那是最后一次见面了。相隔多年以后才得到江冬秀的一张照片。

江冬秀（1959年摄于美国纽约）

毛子水是江泽涵几十年来交往密切的同事、朋友,海峡两岸分隔几十年后也得到了他的照片。

毛子水(摄于 1970 年)

1960年5月全家摄于颐和园,三个儿子都成了家。
后排左起:长子丕桓、次子丕权、幼子丕栋
前排:长媳何高慧(左一)、三媳杨光丽(右二)、二媳魏平田(右一)

邱宗岳（1890—1975），1911年与胡适等人首批被选送去美国留学，成为清末最早出国学习理工科的留学生之一。1921年他到南开大学任教，并创建了化学系。1922年邱宗岳又与姜立夫、饶毓泰两位教授组建了南开大学理学院，兼任理学院院长。

1961年10月南开大学庆祝邱宗岳先生任教40周年活动合影
前排：邱宗岳（右四）、饶毓泰（右三）、杨石先（右二）、黄钰生（左二）、侯洛荀（左一）
后排：江泽涵（右三）、陈鹓（右四）、刘晋年（右五），冯文潜（左一），吴大任（左二）

1961年10月，南开大学邱宗岳先生任教40周年纪念活动合影（部分）
前排：邱宗岳（左）、饶毓泰（右）
后排左起：吴大任、江泽涵、陈同度、刘晋年

当时模仿苏联高等学校的教学制度,开设拓扑学专门化。1957年第一班拓扑专门化毕业生共四人:史书中、涂克仁、徐祥棣与姜伯驹。其后1962年到1965年共有四班拓扑专门化毕业生。

1962年9月拓扑专门化与几何专门化毕业班的部分师生合影
前排左起:刘旺金、祝尔家、廖山涛、江泽涵、吴光磊、黄雪慧、苏健基
中排左起:詹汉生、左再思、刘立榆、项正清、陈荣基、孟强
后排左起:熊金城、苏永乐、周作领、丘仁生、李元熹、张斐慕、郑崇友

陈鹜、姜立夫、刘晋年、邱宗岳、吴大任（摄于1963年）

吴大任和姜立夫（摄于1963年）

1964年6月,政协委员们在泰山。

江泽涵、宋云彬、芮沐、常任侠、费振东等在"五岳独尊"

泰山南天门
前排左起:章廷谦、芮沐、褚圣麟
后排左起:李正理、江泽涵、朱德熙、林超

1964年12月第三届全国人民代表大会和政治协商会议期间,姜立夫、邱宗岳、饶毓泰、赵忠尧和江泽涵的聚会。

左起:胡芷华、姜立夫、邱宗岳、饶毓泰、江泽涵
右起:江丕桓、江丕栋
摄于北京大学燕南园51号前

左起:胡芷华(姜立夫夫人)、姜立夫、邱宗岳、饶毓泰、赵忠尧
摄于北京大学燕南园51号前

数学家江泽涵和他的老师、朋友、学生和家人

左起：姜立夫、邱宗岳、饶毓泰

江泽涵夫妇，1970年国庆节摄于天安门广场

1972年2月，美国总统尼克松访华，新中国成立后中美相互隔绝的局面终于被打破。在美国的华人开始了对新中国的访问。

1972年9月陈省身第一次回国，中国科学院郭沫若院长接见时的合影
前排左起：周培源、陈璞、吴有训、竺可桢、陈省身、郭沫若、郑士宁（陈省身夫人）、于立群、章文晋、郝梦笔
中排左起：岳岱衡、张维、钱伟长、段学复、江泽涵、王竹溪、李光泽
后排：朱永行（左一）、张素诚（左三）、吴文俊（左四）、田方增（左五）、黄秀高（左六）

1972年9月，陈省身访问北京大学时的合影
沈克琦（左二）、段学复（左三）、陈省身（左四）、江泽涵（左五）
张龙翔（右四）、郑士宁（右三）、程民德（右二）、邓东皋（右一）

与陈省身夫妇摄于北京大学燕南园江泽涵寓所
左起：陈省身、郑士宁、江东（江泽涵长孙）、蒋守方、姜伯驹、江泽涵

美国数学家访问北京大学。他们是普林斯顿大学的 W. Browder（1934—　）和 D. Spencer（1912—2001），麻省理工学院的 F. Petersen（1930—2000）。参加会见的有段学复、廖山涛、江泽涵、吴文俊、张芷芬等。

摄于北京大学临湖轩
（1973 年 4 月 23 日）

数学家江泽涵和他的老师、朋友、学生和家人

江泽涵夫妇1973年9月摄于北京友谊商店

1974年9月陈省身第二次访问中国，这是在中国科学院数学研究所作报告后的合影。

前排右起：陈省身、庄圻泰、张世勋、江泽涵、吴大任
后排右起：吴文俊、田方增、戴新生、黄正中、廖山涛、吴光磊、张素诚、严志达、陆启铿

数学家江泽涵和他的老师、朋友、学生和家人

田方增（左一）、江泽涵（左二）、
黄正中（中）、张世勋（右）

吴大任（左）和江泽涵（右）

1977年9月科学家、劳动模范会见青少年科学爱好者,江泽涵左后为陈景润

姜伯驹（1937— ），1957年毕业于北京大学数学力学系，留校任教。1980年当选为中国科学院学部委员（院士）。江泽涵是姜立夫的学生，姜立夫的儿子姜伯驹又成了江泽涵的学生，是为一段学界佳话。

江泽涵和姜伯驹讨论问题（摄于1985年）

石根华（1939— ），1963 年毕业于北京大学数学力学系，随即被江泽涵招收为拓扑学研究生。

石根华在美国（摄于 1982 年 3 月）

油印本和发行本

从1962年起,江泽涵开始了对拓扑学里"尼尔森(Nielsen)数"的研究。最先姜伯驹参加了这一工作,1963年招收的研究生石根华也参加了这一课题。他们共同发表了几篇论文,得到了国际同行的高度评价。1966年开始的"文化大革命"中断了这项工作,直到1975年江泽涵克服种种困难,"单枪匹马"动手将这一工作写成一本专著《不动点类理论》。初稿完成后,自费油印了一百多本。1977年才由科学出版社正式出版。

"文化大革命"期间家中房子挤,江泽涵每天拎着一个书包和一个暖水瓶,到数学系里的办公室去撰写关于不动点类理论的专著,星期天及节假日也不中断。

江泽涵拎着这个书包和水瓶到数学系办公室去写作

1977年7月9日,《人民日报》在第一版发表通栏文章《坚持不懈 攀登高峰》,记江泽涵著书的事迹。

1977年7月9日,《人民日报》头版版面

1978年3月隆重召开了全国科学大会，江泽涵参加了大会。江泽涵和他的学生姜伯驹、石根华关于不动点类理论的研究成果受到大会奖励。

全国科学大会期间中国科学院自然科学学部委员合影（摄于1978年3月）

宁恩承（1901—2000），南开大学早期毕业生。1931年任东北大学秘书长，代张学良校长主持校务。20世纪50年代末定居美国旧金山。1990年起多次返国，倡导恢复东北大学校名。

1978年5月，江泽涵与南开大学的老同学宁恩承欢聚

数学家江泽涵和他的老师、朋友、学生和家人

1956年，在华罗庚等人的倡导下，北京、天津、上海、武汉四大城市举办了高中数学竞赛。1966年"文化大革命"开始，数学竞赛完全停止。1978年我国迎来了科学的春天，数学竞赛又重新启动了。同年江泽涵任北京市中学生数学竞赛委员会主任。

1978年5月，江泽涵视察北京市数学竞赛考场

姜长英（1904—2006），1922—1926年在南开大学学习，20世纪20年代留学美国，30年代起从事航空教育和航空史研究七十载，是中国的航空教育家、中国航空史专家。

1978年9月江泽涵夫妇会见姜长英（左一）和夫人（左二）

1978年11月中国数学会在成都召开第三次代表大会,华罗庚连任理事长,江泽涵与苏步青连任副理事长。江泽涵在会上作了"不动点类理论的发展概况"报告。

1979年3月在杭州召开了中国数学会理事会会议
会议代表合影中前排中坐的三人分别是江泽涵、华罗庚、苏步青

钟开莱（1917—2009），世界知名的概率学家。1940年毕业于西南联合大学数学系，之后留校任数学系助教。1945年底赴美国留学，1947年获普林斯顿大学博士学位。20世纪60年代起任美国斯坦福大学数学系教授、系主任。

1979年8月钟开莱回国，在中国科学院数学研究所门前留影
左起：江泽涵、钟开莱、程民德

1979 年 9 月 15 日至 21 日，全国第一次拓扑学学术会议在芜湖召开，江泽涵主持了这次学术会议。

1979 年 9 月 12 日在芜湖安徽师范大学和教师们的合影
蒲保明（左一）、江泽涵（左二）、吴文俊（左四）

安徽省数学会1979年年会在安徽省旌德县举行。

1979年9月15日安徽省数学会代表和旌德县科协同志合影
前排：王萼芳（左三）、王光寅（左四）、江泽涵（左六）、吴文俊（左七）、单粹民（左八）

数学家江泽涵和他的老师、朋友、学生和家人

1979年9月15日和安徽旌德县三好生代表座谈
前排左起：王光寅、越民义
站立者：江泽涵
前排右起：王萼芳、吴文俊

1979年9月16日,江泽涵回到阔别多年的故乡旌德县江村。

江泽涵和蒋守方在江村和家人的合影
前排左二是胞妹江静秀,右三是胞姐江淑秀,左一和右一分别是侄女江慧芬和侄婿汪廷瑶
后排是江淑秀的儿媳江秋芳(左一)和她的儿孙辈:长子江琦(左二),女儿江琼(右一),女婿方强(右三),外孙女方彦缓(右四)、方彦蕾(右二)

参加全国第一次拓扑学学术会议部分代表的合影（1979年9月22日摄于芜湖）
前排左起：吴振德、王建午、江泽涵、裘光明、祝尔家
中排左起：郝风歧、王则珂、刘旺金、刘立瑜
后排左起：刘应明、熊金城、周作领

江泽涵在南开大学建校60周年庆祝大会上（摄于1979年10月17日）

数学家江泽涵和他的老师、朋友、学生和家人

1980年和中国科学院张素诚研究员的合影
左起：段学复、江泽涵、张素诚、蒋守方、廖山涛

1980年摄于北京大学燕南园51号寓所内

数学家江泽涵和他的老师、朋友、学生和家人

《数学年刊》是国家教委委托复旦大学主办的面向国内外的综合性的数学刊物。

《数学年刊》编委第二次会议留影 1980年5月于杭州

前排左起：廖山涛、胡国定、张学铭、程民德、张素诚、柯召、苏步青、江泽涵、段学复、莫绍揆、郑曾同、白正国

1980年5月,江泽涵在杭州参加《数学年刊》编委第二次会议期间。

1980年5月12日游览杭州玉皇山
左起:张素诚、柯召、程民德、苏步青、段学复、江泽涵

抗战胜利以后江丕莹一家留在了昆明,分别30多年后江丕莹来北京再次相聚。

左起:江丕权、江泽涵、江丕桓、江丕莹、江丕栋
1980年10月摄于北京大学图书馆前

陈占元（1908—2000），我国著名翻译家、北京大学教授。

1981年，江泽涵和陈占元摄于北京大学燕南园

1981年5月，大百科全书几何拓扑编写组在北京香山集会。

前排左起：陈䇹、江泽涵、苏步青、吴大任
后排：尤承业（左一）、钟善基（左四）、胡和生（右三）、李培信（右一）

北京大学数学系1978级研究生毕业留影
1981年6月4日摄于北京大学西校门
前排左起：张绪定、潘君卓、沈燮昌、闻国椿、黄敦、萧树铁、林建祥
前排左起续：丁石孙、吴光磊、程民德、江泽涵、庄圻泰、段学复、聂灵沼
前排左起续：江泽培、胡祖炽、张芷芬、王萼芳、吴兰成、姜礼尚、程士宏

1981年7月，耶鲁大学数学系教授李伦怡（Ronnie Lee）来北京大学讲学。

1981年7月24日在北京大学午餐后的合影
左起：孙以丰、丁石孙、李伦怡、姜伯驹、江泽涵、吴振德、尤承业

1981 年 10 月，北京大学举办了代数拓扑教师进修班，参加的有全国约 10 个省市高等学校的教师。

1981 年 10 月 30 日进修班师生合影
前排左起：李培信、吴振德、孙以丰、江泽涵、姜伯驹、尤承业
后排：李养成（左三）、周家足（左五）、余玄冰（左九）

数学家江泽涵和他的老师、朋友、学生和家人

1981年10月6日，在长征食堂餐厅聚会庆贺江泽涵生日
前排左起：吴光磊、冷生明、段学复、庄圻泰、吴文俊、江泽涵、沈克琦、张禾瑞、孙树本、赵叔玉
中排左起：江泽培、黄敦、程民德、胡祖炽、栾汝书、孙以丰、聂灵沼、丁石孙、姜礼尚、章学诚
后排左起：尤承业、应隆安、熊金城、张恭庆、吴振德、林建祥、钱敏、江丕栋、姜伯驹、吴兰成、范景媛、汪掬芳

1982年,江泽涵加入了中国共产党。

摄于1982年5月

美国数学家 Phillip Griffiths 于 1982 年 6 月来中国讲学，在北京大学讲授代数几何学。

Griffiths 的代数几何班合影
后排：赵春来（左一）、张筑生（左二）、段学复（左三）、
江泽涵（左四）、Griffiths（左五）、Griffiths 夫人（左六）、
姜伯驹（右二）、张恭庆（右一）

欢送 Phillip Griffiths 夫妇（1982 年 6 月 5 日）
左起：姜伯驹、段学复、Griffiths、Griffiths
夫人、江泽涵、张恭庆

1982年8月在山东烟台召开全国代数拓扑会议，次子江丕权陪同前往。

江泽涵和江丕权

1982年8月4日摄于烟台蓬莱阁

中国数学会代数拓扑会议合影（1982年8月5日，山东烟台）

后排左起：梁德有、张国滨、张群、虞言林、郑崇友、左再思、刘旺金、范先令、侯铎
（续）刘绍刚、张新民、史存海、古志鸣、刘书麟、吴定嘉、赖永柱、王诗宬
中排左起：何伯和、干丹岩、陈吉象、肖永震、李养成、张敦穆、陆文钊、王敬庚、张慧全、陆寿坤
（续）丁祖宪、于永溪、罗嵩岑、熊金城、刘应明、周作领、郝孟善、潘寰、郭景美
前排左起：吴振德、吴东兴、李厚源、陈奕培、林梵、姜伯驹、周学光、吴文俊、施祥林、江泽涵
（续）：蒲保明、唐瑞芬、万厚郡、管义桂、龚绍茵、宋俐俐、杜小杨、蒋人璧

12 位学生为江泽涵八十寿辰祝贺的合影（1982 年 8 月摄于烟台）
前排左起：虞言林、吴振德、江丕权、江泽涵、姜伯驹、刘应明
后排左起：刘旺金、左再思、周作领、熊金城、王诗宬、陆寿坤、郑崇友、陈吉象

学生们为江泽涵八十寿辰举办祝寿宴（1982年8月于烟台）

数学家江泽涵和他的老师、朋友、学生和家人

1982年与夫人蒋守方的合影

庆祝八十寿辰的全家合影（摄于1982年10月）
长子江丕桓（前排右一）、长媳何高慧（前排左二）
次子江丕权（后排左二）、次媳魏平田（中排左二）
幼子江丕栋（后排左三）、幼媳杨光丽（中排左三）
孙子：江南（后排左一）、江东（后排右二）、江涤（后排右一）、江岳（前排右三）
孙女：江亦（中排左一）、江峰（中排右一）、江波（前排左一）

数学家江泽涵和他的老师、朋友、学生和家人

1983 年 11 月摄于北京大学

江理是江泽涵胞姐江淑秀的孙子。1983年来到北京看望舅爷爷,在北京天安门留影

数学家江泽涵和他的老师、朋友、学生和家人

1983 年 11 月摄于北京大学

北京大学数学系84届研究生毕业和教师合影（摄于1984年7月）
前排左起：李正元、李忠、张恭庆、黄槐成、邓东皋、胡祖炽、聂灵沼、丁石孙
程民德、江泽涵、段学复、项武义、莫宗坚、姜伯驹、石青云、潘承彪

数学家江泽涵和他的老师、朋友、学生和家人

1984年摄于北京大学燕南园51号寓所

1985年6月摄于北京大学
燕南园51号寓所

符宗涛在 1947 年曾就读于北京大学数学系，后来成为一名作家。1985 年来看望他的老师。

在北京大学校园里（摄于 1985 年 6 月 27 日）

在家里（摄于 1985 年 6 月 27 日）

北京数学奥林匹克学校

徐献瑜（1910—2010），我国著名计算数学专家，曾任燕京大学数学系主任，1952年院系调整后任北京大学数学力学系计算数学教研室主任。梅向明（1928年生）曾任北京师范学院副院长兼数学系主任，北京数学奥林匹克学校校长。

左起：梅向明、徐献瑜、江泽涵

北京数学会在1985年成立了北京数学奥林匹克学校。第一任校长是梅向明，当时他是北京数学会副理事长、北京师范学院教授。名誉校长是时任北京数学会理事长的江泽涵。左图是江泽涵为北京数学奥林匹克学校题写的校名。多年来该学校培养了一大批有数学特长的学生，并在数学竞赛中屡获奖项。

数学家江泽涵和他的老师、朋友、学生和家人

江泽涵与著名哲学家贺麟（1986年4月）

《数学学报》是 1936 年创办的中文学术期刊，曾用名《中国数学学报》。主要刊登纯粹数学和应用数学领域具有独创性的优秀成果性论文，例如代数、数论、分析、偏微分方程、几何、概率论等，反映当今数学研究的发展。江泽涵一直担任《数学学报》编委。

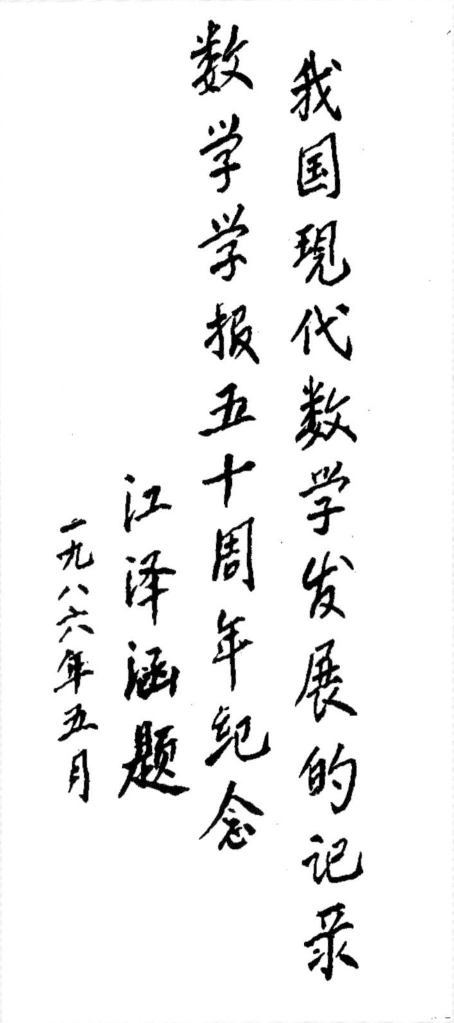

> 我国现代数学发展的记录
> 数学学报五十周年纪念
> 江泽涵题
> 一九八六年五月

江泽涵为《数学学报》的题字

1986年11月15日北京大学庆祝廖山涛获第三世界科学院颁发的数学奖
左起：杨海波（时任国家教委副主任）、江泽涵、廖山涛、丁石孙

1987年4月参加清华大学校庆活动，江泽涵和周培源交谈

数学家江泽涵和他的老师、朋友、学生和家人

50年前的老校友回到清华大学参加校庆活动（1987年4月26日）
前排就座者有苏开明、张报、江泽涵、熊大纯等人

1987年5月北京大学数学力学系1954级校友返校活动
前排：程民德（左三）、江泽涵（左四）、丁石孙（左五）、段学复（左六）、林建祥（左七）
后排：王选（左一）

严文郁（1902—2005），著名的图书馆学家。1935 年任北京大学图书馆主任，1938 年任西南联大图书馆主任，1943 年负责筹建重庆罗斯福图书馆，1949 年到联合国图书馆工作。1964 年自联合国图书馆退休后曾在海外多所高等学校任教。1987 年到中国讲学和访问。

严文郁夫妇（左一和左三）和江泽涵夫妇摄于北京大学（1987 年 5 月 16 日）

1987年7月27日,江泽涵次子丕权的女儿江亦生了一个女孩。

迎来了第四代:蒋守方抱着刚出生的曾孙女

闻家驷是闻一多先生的胞弟、著名法国文学专家、翻译家，先后在西南联大、北京大学任教，1987年任民盟第五届中央副主席。1946—1952年，江泽涵和闻家驷两家都居住在北大中老胡同32号教授宿舍。

闻家驷代表民盟中央来家中向江泽涵祝贺生日（摄于1987年10月6日）

江春泽（1935—　），著名经济学家，是江泽涵的远房堂妹。

左起：刘廉贞（江春泽母亲）、江春泽、江泽涵、蒋守方
1988年3月7日摄于北京大学燕南园51号寓所

数学家江泽涵和他的老师、朋友、学生和家人

江泽涵夫妇 1987 年 12 月摄于北京大学燕南园

民盟组织的圆明园游览（摄于1988年5月14日圆明园内福海边）
前排左起：季镇淮、褚圣麟、蒋守方、江泽涵、黄人道（贺麟夫人）、贺麟、朱环（闻家驷夫人）
后排：周克欧（左）、闻家驷（右）

钟开莱继 1979 年回国访问后，于 1988 年再次回国访问。

钟开莱看望江泽涵夫妇（1988 年 10 月 18 日摄于燕南园 51 号寓所）

江泽涵和他的《不动点类理论》英文版

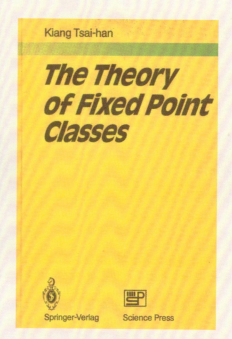

1989年，德国的 Springer-Verlag 和中国的科学出版社联合出版的《不动点类理论》英文版

数学家江泽涵和他的老师、朋友、学生和家人

中国数学会第五届理事会第一次会议
1989年4月6日摄于北京大学电教大楼前
前排左起：严士健、胡和生、王元、田方增、程民德、段学复、江泽涵、柯召、吴文俊、丁石孙、胡国定、路见可

樊壎（1914—2010）是具有广泛国际声誉的数学家。1936年毕业于北京大学数学系，1941获法国国家博士学位。第二次世界大战以后一直在美国任教，1965年应聘为加州大学圣巴巴拉分校数学教授，直至退休。樊壎夫妇1989年回到中国。以下的照片是5月21日看望江泽涵夫妇时拍摄的。

左起：燕又芬（樊壎夫人）、江泽涵、樊壎、程民德

左起：燕又芬、江泽涵、樊壎、孙树本

数学家江泽涵和他的老师、朋友、学生和家人

1989年10月摄于圆明园大门外

"陈省身数学奖"设立于1986年,由亿利达工业集团创始人刘永龄出资、与中国数学会共同设立。该奖项每两年颁发一次。每次评选出两名获奖者,颁发"陈省身数学奖"证书及奖金。第二届"陈省身数学奖"的获奖人是北京大学教授姜伯驹和中国科学院数学研究所研究员李邦河。颁奖仪式于1989年10月9日在北京科学会堂举行。同时还举行了《陈省身文选》首发仪式。

第二届"陈省身数学奖"的获奖人姜伯驹在颁奖仪式上发言(1989年10月9日)

数学家江泽涵和他的老师、朋友、学生和家人

第二届"陈省身数学奖"的获奖人李邦河（右）（1989年10月9日）

江泽涵（左）和陈省身（右）在第二届"陈省身数学奖"的颁奖仪式上中间站立者是蒋守方（1989年10月9日）

数学家江泽涵和他的老师、朋友、学生和家人

北京大学校长吴树青接见来访的陈省身（1989年10月10日摄于北京大学临湖轩）
左起：江泽涵、吴树青、陈省身、程民德

陈省身夫妇看望江泽涵夫妇（1989年10月10日摄于燕南园51号寓所）
左起：蒋守方、陈省身、江泽涵、郑士宁

1989年10月16日南开大学举行集会，庆祝姜立夫先生诞辰一百周年并举行了铜像揭幕仪式。

江泽涵在会上讲话（1989年10月16日）

左起：陈省身、姜淑雁、江泽涵、吴大任

江泽涵夫妇和姜立夫先生画像

在姜立夫教授铜象前的合影
后排左起：姜淑雁、陈学珍（姜子骥夫人）、徐川荣（姜伯驹夫人）、姜仲騂（姜立夫次子）
后排左起（续）：姜伯驹、陈省身、江泽涵、吴大任
前排左起：姜宓、胡芷华（姜立夫夫人）、姜安

毛玲之（192？—2010）是毛子水的女儿，1990年和丈夫翟振纲从美国回到中国访问。

左起：翟振纲、翟亮、毛玲之、蒋守方、江泽涵
1990年6月10日摄于北京大学燕南园51号

王湘浩（1915—1993），中国著名数学家，1937年毕业于北京大学数学系。1949年在美国普林斯顿大学获博士学位后回国在北京大学任教。1952年院系调整后到东北人民大学（后改名为吉林大学）数学系任主任。1955年当选为中国科学院学部委员（院士）。

共同参加国家教委推荐学部委员会议期间，江泽涵和王湘浩（右）摄于北京大学勺园

1991年5月27日至29日，北京大学数学系与国家自然科学基金委员会、中国数学会、北京市科学技术协会在北京大学联合举办"拓扑学及其相关学科学术讨论会"，并庆祝江泽涵九十寿辰和到北大执教六十周年。

北京大学数学系主任李忠主持会议
前排就坐者左起：闻家驷、陈省身、张禾瑞、蒋守方、江泽涵、吴树青、汪家镠

与会者发言。

陈省身

程民德

丁石孙

段学复

姜伯驹

谷超豪

数学家江泽涵和他的老师、朋友、学生和家人

 闻家驷

 吴大任

 吴文俊

 杨乐

 张禾瑞

 庄圻泰

在纪念会上北京大学校长吴树青向江泽涵赠送礼品

在纪念会上陈省身和江泽涵亲切交谈

1991年5月北京大学图书馆举办"庆祝江泽涵教授九十寿辰展览"。

江泽涵夫妇参观"庆祝江泽涵教授九十寿辰展览"（摄于1991年5月31日）
后排右起：王诗宬、尤承业、姜伯驹、周青

1992年6月2日举行了江泽涵教授捐赠奖学金的仪式,奖学金用于奖励优秀学生。

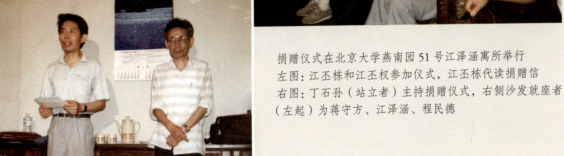

捐赠仪式在北京大学燕南园51号江泽涵寓所举行
左图:江丕栋和江丕权参加仪式,江丕栋代读捐赠信
右图:丁石孙(站立者)主持捐赠仪式,右侧沙发就座者(左起)为蒋守方、江泽涵、程民德

1992年10月9日中国科学院副院长李振声和吴文俊院士代表国家科委、中国科学院到家中祝贺江泽涵九十寿辰。

1992年10月9日摄于北京大学燕南园51号寓所
李振声（左侧）、江泽涵（居中）、吴文俊（右侧）

1992年10月9日，与吴文俊摄于北京大学燕南园51号寓所

经安徽师范大学教授胡炳生倡议,在国家教委和北京大学的支持下,1993年成立了以程民德院士为主编的江泽涵文集编委会。参加文集编委会工作的除主编程民德外,还有北京大学姜伯驹、冷生明、尤承业、董镇喜、王耀东,北京农业工程大学潘承彪,安徽师大胡炳生和北京大学出版社邱淑清。

编委会人员及江泽涵家属在北京大学数学系门前的合影(摄于1993年4月)左起:王耀东、江丕权、胡炳生、江丕栋、程民德、潘承彪、冷生明、邱淑清、董镇喜

北京大学数学系在1993年5月7日庆祝建系80周年。北京大学的前身是1898年设立的京师大学堂,辛亥革命后的1912年改名为北京大学。1913年理科内设立的数学门开始教学活动,1919年数学门改为数学系。1952年全国大专院校进行院系调整,北京大学、清华大学、燕京大学等三校数学系合并,成为北京大学数学系,江泽涵、段学复、徐献瑜分别是院系调整前的系主任。

院系调整前的三位数学系主任在一起（左起：徐献瑜、江泽涵、段学复）

左起：丁石孙、江泽涵、段学复

数学家江泽涵和他的老师、朋友、学生和家人

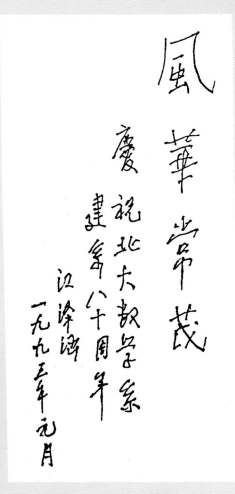

江泽涵为庆祝北京大学数学系
建系八十周年的题词

江泽涵夫妇 1993 年 5 月 16 日摄于燕南园 51 号寓所

数学家江泽涵和他的老师、朋友、学生和家人

1993年7月12日摄于燕南园51号寓所

江泽涵夫妇1993年7月18日摄于燕南园51号寓所，背后站立的是长孙江东

1994年春节吴文俊夫妇到家中看望江泽涵

数学家江泽涵和他的老师、朋友、学生和家人

1994年3月9日蒋守方逝世，3月29日江泽涵逝世。

1994年4月13日在北京八宝山公墓举行江泽涵遗体告别仪式

为了纪念江泽涵诞辰一百周年，2002年10月9日北京大学数学学院召开座谈会。

左起：江泽培、聂灵沼、姜伯驹、吴文俊、刘和平、陈家鼎
右起：张芷芬、丁石孙、梅向明、孙以丰

北京大学党委书记闵维方在座谈会上讲话

国家最高科学技术奖获得者吴文俊院士在座谈会上发言
右起：吴文俊、姜伯驹、聂灵沼、江泽培

全国人大常委会副委员长丁石孙教授在座谈会上发言

江泽涵幼子江丕栋作为家属代表发言，报告江泽涵遗物的保存及整理情况

为了纪念江泽涵诞辰一百周年，2002年11月2日安徽省旌德县人民政府和安徽省科学技术史学会联合召开纪念会。参加会议的有旌德县副县长刘铮，科学技术协会主任刘其道，政协副主席江理，安徽师范大学教授胡炳生、冯元均。江泽涵的儿子江丕栋和夫人杨光丽也参加会议，江泽涵的孙子江岳在会上宣读了姜伯驹写的贺信。

旌德县和学会领导、参加会议代表和江泽涵在北京、安徽各地亲属的合影
前排：胡炳生（右四）、周家珍（右六），杨光丽（右七）江丕栋（右八）
前排：冯元均（左三）、刘铮（左六）、刘其道（左八）
中排：江理（右九），后排：江岳（右六）

参加会议的江泽涵家属合影（摄于2002年11月2日）
左起：江理、江岳、杨光丽、高慰祖、江丕栋、高德宁、江琼、胡秋芬

江泽涵与蒋守方安葬于北京西郊万安公墓。

墓碑正面

墓碑背面刻有拓扑学里的"三叶纽结"

江泽涵生平

1902 年
十月六日,出生于安徽省旌德县江村。父早年经商,后务农。

1909 年 / 7 岁
在本村私塾读书。

1912 年 / 10 岁
在本村改良学校养正学堂读书。

1915 年 / 13 岁
秋,进本县三溪镇三溪学堂(高等小学堂)读书。

1918 年 / 16 岁
夏,毕业于三溪学堂。下半年因病未上学。

1919 年 / 17 岁
一月,随堂姐夫胡适到北京。
夏,考入天津南开中学,插班读初中二年级。

1920 年 / 18 岁
暑假前在北京自修。

1922 年 / 20 岁
夏,提前修完中学(四年制)课程,于南开中学毕业。
九月,升入南开大学算学系,师从姜立夫。

1926 年 / 24 岁
一月,于南开大学算学系提前半年毕业。二月至七月在北京大学旁听冯祖荀的数学分析课程。
九月,随姜立夫到厦门大学数学系任助教一年。

1927 年 / 25 岁
夏,考取清华官费留美生,是唯一的数学专修生。
与蒋守方结婚。蒋守方(又名圭贞),浙江东阳人,1905 年出生,1922 年入北京大学预科,两年后转入北京大学数学系,1926 年后曾在厦门大学和上海大同大学借读。
九月,乘船赴美,进哈佛大学研究院数学系。

1928 年 / 26 岁
于一年级结束时获硕士学位,并荣获哈佛大学颁发的"约翰·哈佛学侣"(John Harvard Fellow)称号。

暑期，去康奈尔大学选学代数几何，师从 Marston Morse。

1929 年 / 27 岁

继续在哈佛大学攻读博士学位。

夫人蒋守方由北京大学数学系毕业，暑假乘船赴美。入哈佛大学女校 Radcliff 学院，半工半读。

1930 年 / 28 岁

六月，获哈佛大学哲学博士学位。

七月，长子丕桓在美国出生。

随后，应美国普林斯顿大学邀请，跟随拓扑学大师 S. Lefschetz 做研究助教一年。

夫人蒋守方也转学到新泽西州立罗格斯（Rutgers）大学数学系，一年后获硕士学位。

十二月，获 1930 年度中华教育文化基金董事会"乙种科学研究补助金"。

1931 年 / 29 岁

夏，应北京大学聘请，任数学系教授，八月回国返抵北平。由一年级课程教起，以后逐年随班前进。

同时在清华大学研究院兼课，为研究生陈省身、吴大任和高年级学生施祥麟等讲授拓扑学。约每周一次，近一年。这是我国大学第一次开设拓扑学课程。

1932 年 / 30 岁

国立编译馆成立"数学名词审查会"，任委员（还有姜立夫等 14 人）。

到北大的第二学年，晋升为中华文化教育基金会资助的研究教授。

十月，次子丕权出生于北平。

1933 年 / 31 岁

五月，日本军队迫近北平，中日签订"塘沽协定"。全家曾去天津避难，并于暑假送家眷去南京，即回校教课。

1934 年 / 32 岁

七月，幼子丕栋在北平出生。

秋，接替冯祖荀任北京大学数学系主任，直至 1952 年。

1935 年 / 33 岁

出席在上海召开的中国数学会成立大会，入选理事会。

中国数学会会刊《中国数学会学报》和《数学杂志》创刊。江泽涵等 7 人为编委。

中国数学会数学名词审定委员会成立，江泽涵为 15 名委员之一。

1935～1936 年在北大用中、英文讲授拓扑学。

1936 年 / 34 岁

北京大学校务会议准予休假出国研究。

秋，赴美国普林斯顿高等研究所进修。

1937 年 / 35 岁

五月十三日离开美国，经欧洲，于七月六日返抵北平。

七月七日，卢沟桥事变爆发，平津危急。

八月十一日，全家仓皇离开北平，避难南下，于中秋节回到旌德江村。

九月，北大、清华、南开三校南迁至湖南长沙，成立国立长沙临时大学。

十月，奉召赴长沙，担任临时大学算学系教授会主席。又回江村接夫人守方、次子丕权去长沙。

1938 年 / 36 岁

二月三日，携夫人及次子前往昆明。

二月中（农历正月十六），抵昆明。

受聘为国立西南联合大学算学系教授会主席（次年六月起改称系主任）。

八月，返江村接丕桓、丕栋，经温州、上海、海防至昆明。在江村时曾在安徽省立宁属六县联立中学演讲。

八月，兼任联大师范学院数学系教授会主席（次年六月起改称系主任）。

1939 年 / 37 岁

五月，因避日机空袭，家眷迁住昆明西郊西山华亭寺内。三子均未入学，由夫人在家启蒙授课。

十一月，因病辞去联大算学系主任兼师院数学系主任职，由清华大学算学系主任杨武之兼任。

1940 年 / 38 岁

在西南联大成立"新中国数学会",同时举行数学年会。姜立夫任会长,江泽涵等为理事。

1941 年 / 39 岁

三月,中央研究院决定成立数学研究所筹备处,附设于西南联大校内,江泽涵等人为兼任研究员。
十月,因子上学,家眷迁住昆明城内,住联大师院附校内一小学教室旁。
三子进入西南联大师范学院附设学校,分别插班入初中、高小及初小。
一年后迁至北门街 42 号居住。

1942 年 / 40 岁

十一月,江泽涵再任联大算学系主任兼师院数学系主任。

1943 年 / 41 岁

讲授微积分及形势几何(即拓扑学)。
六月,辞去联大算学系主任兼师院数学系主任职。

1944 年 / 42 岁

讲授微分方程和高等微积分。
编译出希尔伯特《几何基础》(第七版)前一部分,印出油印本作为讲义。

1945 年 / 43 岁
迁住新建成之西仓坡联大宿舍。
讲授微分几何。

1946 年 / 44 岁
抗日战争胜利,西南联大完成抗战时期的使命。北大、清华、南开三校迁回北平、天津,恢复原校。
六月四日全家离昆明经重庆,于七月十九日抵达北平。
仍担任北大数学系主任,并在饶毓泰出国期间代理理学院院长。

1947 年 / 45 岁
受聘为中央研究院数学研究所兼任研究员。
译完《拓扑学》(H. Seifert 和 W. Threlfall 著),七月作序,叙述了在抗战中辗转十年翻译此书的艰辛历程。
学术休假两年。七月,经香港乘船取道英国,于十月中到瑞士。
在瑞士苏黎世国立高等理工学院数学研究所 H. Hopf 处进修。

1948 年 / 46 岁
继续在苏黎世进修,并数次去德国进行学术访问。

1949 年 / 47 岁
五月四日由欧洲返国。越印度洋到达香港,途中约一个月。

六月中，赴台湾看望姜立夫和堂姐江冬秀（胡适夫人，胡适当时在美国）。

八月初乘外藉货船北上，从天津登岸，回到已经解放的北平。

继续担任北京大学数学系教授兼系主任。

1950 年 / 48 岁

任《中国数学学报》(新刊) 和《中国数学杂志》编辑委员会委员。

中国科学院数学研究所筹备处成立。江泽涵为副主任。

1951 年 / 49 岁

八月，中国数学会在北京召开代表大会，选举产生了第一届理事会。华罗庚当选理事会主席，江泽涵与陈建功、苏步青等当选理事会副主席。

1952 年 / 50 岁

七月，中国科学院数学研究所成立，华罗庚为所长，江泽涵等为兼任研究员。

院系调整后任北京大学数学力学系几何教研室主任。

随学校迁至海淀北京大学新址燕南园 51 号居住。

加入中国民主同盟。

1954 年 / 52 岁

一月，北京数学会成立，当选为理事长。

1955 年 / 53 岁

六月，中国科学院成立学部，当选为中国科学院第一批学部委员。

北大数学力学系从"五五届"起开设拓扑学专门化，由江泽涵负责指导。

《数学进展》创刊，华罗庚为主编，江泽涵等十三人为编委。

秋，在北京师范大学几何研究班教点集拓扑一学期。

1956 年 / 54 岁

国务院成立科学规划委员会，参加了制定十二年科学发展远景规划的工作。

领导和参加北京市数学会组织的数学讲座和竞赛活动，并为中学师生作演讲。

1957 年 / 55 岁

任北京市数学竞赛会名誉主席。

五月五日，北京大学数学力学系集会，庆祝江泽涵、申又枨两位教授执教三十周年。

1959 年 / 57 岁

四月，当选为第三届全国政协委员（以后继续任四、五、六届政协委员，至1988 年）。

参加全国政协组织的到安徽视察。

1960 年 / 58 岁

中国数学会在上海召开第二次代表大会，江泽涵连任第二届理事会副理事长。

1961 年 / 59 岁

十一月，参加全国政协组织的到东北视察。

十二月，在北京数学会第五届理事会第一次理事会议上被推选为理事长。

1962 年 / 60 岁

一月，参加全国政协组织的到广东视察。

八月，参加国家科委召开的数学家座谈会，发表关于加强基础课教学和基础学科研究的意见。

担任北京市1962年中学生数学竞赛委员会副主席。

学术休假。重又研究不动点类理论，并编写拓扑学教本。

秋，主持北大数学系第一个拓扑学讨论班。

九月，首都数学界在北京大学集会，纪念帕斯卡尔逝世三百周年，在会上作了关于其生平和贡献的报告。

参加全国政协组织的到华东视察。

1963 年 / 61 岁

十月中旬至十一月初，参加全国政协组织的到陕西、河南等地视察。

十一至十二月，参加全国政协四届四次会议。

1964 年 / 62 岁

六月，参加全国政协组织的到山东视察。

八月，北京数学会召开第一届学术年会，在会上宣读论文《不动点类理论和一些新成果》，总结了自己的学生们（姜伯驹、石根华等）的研究成果。
十二月，连任第四届全国政协委员。
连任北京数学会理事长。

1965 年 / 63 岁
十一月，参加全国政协组织的到西南四川、贵州等地视察。

1966 年 / 64 岁
江泽涵和他的学生们的工作，受到了国际同行的高度评价，被认为出现了一个"新的中国学派"。
六月，"文化大革命"开始。

1967 ~ 1971 年 / 65 ~ 69 岁
长期被审查，从事科研工作的权利被剥夺。

1972 年 / 70 岁
开始恢复教学活动。
九月，陈省身第一次访问新中国，看望了江泽涵。中国科学院院长会见时，江泽涵参加并合影。
十月，任北京大学数学力学系几何代数教研室主任。

1973 年 / 71 岁

四月，收到由美国寄来的 1971 年出版的 R. F. Brown 新著《Lefschetz 不动点定理》，该书的主要部分阐述了江泽涵与学生姜伯驹、石根华的工作。萌发了撰写关于不动点类理论专著的念头。

1975 年 / 73 岁

克服种种困难，单枪匹马着手撰写专著《不动点类理论》。

1976 年 / 74 岁

《不动点类理论》前半部分初稿写成，自费油印了一百多本。

1977 年 / 75 岁

四月，中国科学院决定由科学出版社出版《不动点类理论》。

七月九日，《人民日报》发表了以《坚持不懈，攀登高峰》为题的长篇报导，介绍江泽涵刻苦著书的事迹。

十月，受教育部聘请担任中小学数学教材编写顾问。

十一月，当选北京市第七届人大代表。

1978 年 / 76 岁

二月，连任第五届全国政协委员。

三月，参加在北京召开的全国科学大会。

在全国科学大会上江泽涵和他的学生姜伯驹、石根华关于不动点类理论的研究成果受到大会奖励。

四月，出席全国数学竞赛委员会第一次会议，任副主任。

四月，担任北京市数学竞赛命题委员会主任，北京市 1978 年中学生数学竞赛委员会主任。

五月，参加北京市数学竞赛发奖大会，视察全国八省市数学竞赛北京区考场。

六月，出席 1978 年全国数学竞赛发奖大会。

十一月，中国数学会在成都召开第三次代表大会，江泽涵连任副理事长。

1979 年 / 77 岁

九月十五至二十一日，全国第一次拓扑学学术会议在芜湖召开，江泽涵主持了这次学术会议。

会后到旌德县参加了在那里举行的安徽省数学会 1979 年年会，会后与县中学教师合影。

九月十六日，回到阔别多年的故乡江村。

十月，在中国民主同盟第四次全国代表大会上发言，并当选为中国民主同盟第四届中央委员。

1980 年 / 78 岁

一月，连任北京数学会理事长。

一月，与赵慈庚共同倡导和组织编写《大学基础数学自学丛书》，陆续由上海科学技术出版社出版。

受聘为教育部高等学校理科数学、力学、天文学教材编审委员会委员。

六月，出席北京市科协第二次代表大会。

1981 年 / 79 岁
二月，加入中国共产党。
六月，被聘为国务院学位委员会第一届学科评议组成员。
十月，北京大学数学系同事庆祝江泽涵八十寿辰。

1982 年 / 80 岁
三月，中国教育学会数学教学研究会成立，江泽涵任名誉会长。
八月，主持在烟台召开的全国第二次拓扑学学术会议。

1983 年 / 81 岁
春，和张恭庆共同发起并组织美国"新数学丛书"的翻译工作，该丛书共有 30 多册。
十月，中国数学会在武汉召开第四次代表大会，推举华罗庚、苏步青、江泽涵、吴大任、柯召等为名誉理事长，选举吴文俊为理事长。

1984 年 / 82 岁
一月，当选为北京数学会名誉理事长。
六月，第六届全国政协大会在京召开，连任第六届全国政协委员。

1985 年 / 83 岁
十月，受聘为"中国科学院数学研究所（开放）顾问委员会委员"。

1986 年 / 84 岁
一月，北京数学奥林匹克学校成立，聘请江泽涵为该校名誉校长。
七月，于北京大学退休。

1987 年 / 85 岁
一月，当选为中国民主同盟中央参议委员会常务委员。
十一月，被推举为"高等院校校友会北京海外联谊会"荣誉会长。

1988 年 / 86 岁
六月，被聘为"一九八八年北京小学数学奥林匹克邀请赛"组织委员会名誉主任。

1989 年 / 87 岁
春节，国家教育委员会主任李铁映来看望。
《不动点类理论》的英文译本由科学出版社和德国的 Springer-Verlag 联合出版。
十月十六日，赴天津参加南开大学举行的姜立夫先生诞辰一百周年纪念会和铜像揭幕仪式。

1990 年 / 88 岁
十二月，国家教委向江泽涵颁发"荣誉证书"，表彰"从事高教科研工作五十年(以上)，成绩显著"。

1991 年 / 89 岁
五月，参加了纪念申又枨先生九十诞辰学术讨论会，发表了动情的怀念讲话。
五月，北京大学与国家自然科学基金委员会等单位联合举办"拓扑学及其相关学科学术讨论会"，同时庆祝江泽涵九十寿辰和到北大执教六十周年。

1992 年 / 90 岁
五月，被安徽师范大学聘为该校数学系名誉教授。
著名物理学家吴大猷四十年来首次访问北京，互赠了自己的著作。
六月二日，北大数学系、数学所在燕南园举行江泽涵先生捐献奖学金仪式。
九月十日，国家教委主任李铁映到北大祝贺教师节，并登门探望了江泽涵。
十二月，在中国民主同盟第三届中央参议委员会第一次全体会议上被推举为中央参议委员会常务委员。

1993 年 / 91 岁
五月，参加北京大学数学系八十周年纪念会。

1994 年 / 92 岁
三月九日，上午九时，夫人蒋守方逝世。
三月二十九日，凌晨一时江泽涵逝世。

人名索引

D. Spencer / 115

E. Specker / 70，71

F. Petersen / 115

H. Hopf / 70

J. Hadamard / 34

Marston Morse / 20

N. Wiener / 34，35

Phillip Griffiths / 149

W. Browder / 115

W. F. Osgood / 26，29，36，37

Wilhelm Blaschke / 32

W. Threlfall / 71

白正国 / 138

常任侠 / 108

常心怡 / 96

陈承琪 / 32

陈吉象 / 151，152

陈家鼎 / 206

陈建功 / 89

陈杰 / 92，96

陈景润 / 119

陈璞 / 112

陈荣基 / 106

陈省身 / 27，33，43，112，113，114，117，182，183，184，185，186，187，190，191，193

陈鹗 / 32，43，104，107，142

陈同度 / 39，105

陈学珍 / 187

陈奕培 / 151

陈藻苹 / 92，93

陈占元 / 141

陈子岐 / 96

程民德 / 62，64，65，66，96，98，113，129，138，139，143，147，159，169，178，179，184，191，195，198

程庆明 / 92

程士宏 / 143

褚圣麟 / 108，175

崔之兰 / 36

戴新生 / 117

邓东皋 / 96，113，159

邓稼先 / 89

丁石孙 / 92，143，144，147，159，166，169，178，191，195，199，206，207

丁寿田 / 33

丁祖宪 / 151

董镇喜 / 198

杜小杨 / 151

杜燮昌 / 32

段学复 / 96，98，112，113，115，136，138，139，143，147，149，159，169，178，191，199

樊际昌 / 36，37

樊壂 / 27，179

范会国 / 32

范景媛 / 147

范先令 / 151

方企勤 / 96

方强 / 133

方彦缓 / 133

方彦蕾 / 133

房季娴 / 86

费振东 / 108

冯文潜 / 104

冯元均 / 208

冯祖荀 / 26，29，32，36

符宗涛 / 162

傅种孙 / 32

干丹岩 / 151

高德宁 / 209

高慰祖 / 209

龚绍茵 / 151

巩宪文 / 33

苟白涛 / 96

古志鸣 / 151

谷超豪 / 191

顾澄 / 32
顾毓琇 / 35
关肇直 / 64，65，66
管义桂 / 151
郭景美 / 151
郭沫若 / 112
郭悦成 / 92
韩春林 / 64，65
韩咏华 / 35
郝凤歧 / 134
郝孟善 / 151
郝梦笔 / 112
何伯和 / 151
何高慧 / 103，155
贺麟 / 164，175
侯铎 / 151
侯洛荀 / 104
胡炳生 / 198，208
胡迪 / 98
胡国定 / 138，178

胡和生 / 142，178
胡隽音 / 9
胡浚济 / 32
胡秋芬 / 209
胡适 / 10，11，19，37，38，61
胡思杜 / 19，24，47，61
胡展 / 96
胡芷华 / 109，187
胡祖炽 / 143，147，159
胡祖望 / 19，24，61
华罗庚 / 128
黄敦 / 143，147
黄槐成 / 159
黄人道 / 175
黄淑清 / 91
黄秀高 / 112
黄雪慧 / 106
黄钰生 / 104
黄正中 / 117，118
季羡林 / 87

季镇淮 / 175

贾燕南 / 171

江波 / 155

江春泽 / 173

江涤 / 155

江东 / 114, 155, 202

江冬秀 / 10, 19, 24, 47, 101

江峰 / 155

江慧芬 / 133

江静秀 / 24, 86, 133

江理 / 157, 208, 209

江隆基 / 95

江南 / 155

江丕栋 / 25, 86, 103, 109, 140, 147, 155, 195, 198, 207, 208, 209

江丕桓 / 22, 24, 25, 86, 103, 109, 140, 155

江丕权 / 25, 46, 86, 103, 140, 150, 152, 155, 195, 198

江丕莹 / 49, 140

江琦 / 133

江琼 / 133, 209

江秋芳 / 133

江世才 / 9, 24

江淑秀 / 133, 157

江亦 / 155

江岳 / 155, 208, 209

江泽坚 / 51

江泽培 / 51, 62, 64, 65, 79, 143, 147, 206, 207

姜安 / 187

姜伯驹 / 96, 114, 120, 144, 145, 147, 149, 151, 152, 159, 181, 187, 191, 194, 206, 207, 208

姜长英 / 127

姜菊缘 / 35

姜礼尚 / 143, 147

姜立夫 / 14, 17, 32, 52, 97, 107, 109, 110

姜宓 / 187

姜淑雁 / 186, 187

姜仲騄 / 187

蒋东斗 / 39

蒋观河 / 50

蒋梦麟 / 35

蒋人璧 / 151

蒋守方（圭贞）/ 19，21，24，52，86，91，114，133，136，154，171，173，175，183，185，188，190，195，204，210

金通洸 / 96

金星南 / 72

柯召 / 138，139，178

孔德卿 / 96

赖永柱 / 151

冷生明 / 64，65，147，198

冷蜀德 / 33

李邦河 / 182

李观博 / 33

李光泽 / 112

李厚源 / 151

李伦怡 / 144

李培信 / 142，145

李盛华 / 27，29

李养成 / 145，151

李元熹 / 106

李珍焕 / 50

李振声 / 196

李正理 / 108

李正元 / 159

李忠 / 159，190

梁德有 / 151

廖山涛 / 62，64，65，92，93，94，96，106，115，117，136，138，166

林超 / 108

林国宁 / 96

林建祥 / 143，147，169

林炔 / 151

刘和平 / 206

刘晋年 / 20，33，52，87，104，105，107

刘立榆 / 106，134

刘廉贞 / 173

刘其道 / 208

刘沙 / 98

刘绍刚 / 151
刘时衡 / 92，93
刘书麟 / 151
刘书琴 / 33
刘树杞 / 32
刘旺金 / 106，134，151，152
刘应明 / 134，151，152
刘铮 / 208
柳孟辉 / 80
龙季和 / 27，64，65
卢崇飞 / 98
鲁迅 / 17
陆启铿 / 117
陆寿坤 / 151，152
陆文钊 / 151
路见可 / 178
栾汝书 / 50，147
罗双泉 / 90，92，93
罗嵩岑 / 151
马良 / 62，64，65，79

毛玲之 / 188
毛子水 / 53，102
梅向明 / 92，93，98，163，206
梅贻琦 / 35
孟强 / 106
闵均泰 / 90，92，93
闵维方 / 207
莫绍揆 / 138
莫宗坚 / 159
聂灵沼 / 62，64，65，92，96，98，143，147，159，206，207
宁恩承 / 125
潘承彪 / 159，198
潘光旦 / 35，54
潘寰 / 151
潘君卓 / 143
彭清杰 / 62，64，65
蒲保明 / 130，151
钱敏 / 147
钱伟长 / 112

青义学 / 50
丘仁生 / 106
邱淑清 / 198
邱宗岳 / 54，104，105，107，109，110
裘光明 / 92，93，134
饶毓泰 / 36，52，104，105，109，110
阮冠世 / 55
芮沐 / 108
单粹民 / 131
申又枨 / 26，36，39，52，64，65，79，95
沈克琦 / 113，147
沈履 / 35
沈燮昌 / 143
施祥林 / 151
施在明 / 90
石根华 / 121
石青云 / 159
史存海 / 151
史书中 / 96
斯雅珊 / 33

宋俐俐 / 151
宋云彬 / 108
苏步青 / 89，128，138，139，142
苏健基 / 106
苏开明 / 168
苏永乐 / 106
苏智贤 / 96
孙超 / 58
孙承谔 / 91
孙树本 / 27，28，29，62，64，65，79，147，179
孙以丰 / 62，64，65，144，145，147，206
孙振祖 / 90，92，93
谭萧 / 92，93
谭文耀 / 50
唐瑞芬 / 151
田方增 / 112，117，118，178
涂克仁 / 96
万厚郡 / 151
万伟勋 / 96
汪家镠 / 190

汪敬熙 / 73

汪掬芳 / 147

汪林 / 96

汪廷瑶 / 133

汪裕成 / 57

王蒂澂 / 35

王萼芳 / 131，132，143

王光寅 / 131，132

王建午 / 134

王敬庚 / 151

王诗宬 / 151，152，194

王寿仁 / 62，64，65，79

王湘浩 / 27，29，64，65，79，80，189

王选 / 169

王耀东 / 198

王元 / 178

王则柯 / 134

王竹溪 / 112

魏平田 / 103，155

魏执权 / 62，64，65

闻国椿 / 143

闻家驷 / 172，175，190，192

吴大任 / 27，32，43，104，105，107，117，118，142，186，187，192

吴大猷 / 55

吴德佺 / 98

吴定嘉 / 151

吴东兴 / 151

吴光磊 / 92，93，94，106，117，143，147

吴嘉瑞 / 96

吴兰成 / 143，147

吴鸣锵 / 80

吴树青 / 184，190，193

吴文俊 / 72，73，112，115，117，130，131，132，147，151，178，192，196，197，203，206，207

吴有训 / 54，89，112

吴振德 / 92，93，134，144，145，147，151，152

吴祖基 / 96

项武义 / 159

项正清 / 106

肖永震 / 151

萧赣雄 / 96

萧树铁 / 143

谢育先 / 96

熊大纯 / 168

熊金城 / 106，134，147，151，152

熊庆来 / 32，35

徐川荣 / 187

徐献瑜 / 163，199

徐祥棣 / 96

许宝騄 / 79，98

许万蓉 / 96

薛耀昉 / 96

严济慈 / 32

严士健 / 178

严文郁 / 170

严志达 / 72，117

燕又芬 / 179

杨葆康 / 35

杨光丽 / 103，156，208，209

杨海波 / 166

杨乐 / 192

杨石先 / 54，104

杨武之 / 32，35

殷宏章 / 74

应隆安 / 147

尤承业 / 142，144，145，147，194

于立群 / 112

于永溪 / 151

余家荣 / 72

余玄冰 / 145

虞言林 / 151，152

袁妙恩 / 96

岳岱衡 / 112

越民义 / 132

曾远荣 / 35

翟亮 / 188

翟振纲 / 188

詹汉生 / 106

张报 / 168

张常基 / 96
张敦穆 / 151
张斐慕 / 106
张恭庆 / 147，149，159
张国滨 / 151
张禾瑞 / 27，28，64，65，147，190，192
张慧全 / 151
张景钺 / 36
张龙翔 / 113
张美洵 / 92，93
张群 / 151
张尧庭 / 98
张世勋 / 117，118
张素诚 / 112，117，136，138，139
张维 / 112
张新民 / 151
张绪定 / 143
张学铭 / 138
张一鸣 / 90
张芷芬 / 98，115，143，206

张筑生 / 149
章廷谦 / 108
章文晋 / 112
章学诚 / 147
赵春来 / 149
赵惠元 / 80
赵进义 / 32
赵萝蕤 / 55
赵叔玉 / 27，33，147
赵树凯 / 33
赵淞 / 26，32，36
赵忠尧 / 89，109
赵仲哲 / 79，80
郑曾同 / 138
郑崇友 / 106，151，152
郑汉鼎 / 96
郑士宁 / 112，113，114，185
郑昕 / 86
郑之蕃 / 33，35
钟开莱 / 129，176

钟善基 / 142
周家珍 / 208
周家足 / 145
周克欧 / 175
周培源 / 35, 89, 96, 98, 112, 167
周青 / 194
周学光 / 151
周毓麟 / 98
周作领 / 106, 134, 151, 152
朱德熙 / 108
朱环 / 175
朱康如 / 96
朱永行 / 112
竺可桢 / 112
祝尔家 / 106, 134
庄圻泰 / 62, 64, 65, 79, 96, 117, 143, 147, 192
左再思 / 106, 151, 152

后记

  我父亲有许多本贴满照片的相册。他1937年第二次回国的时候带回一个Zeiss牌的相机，抗战期间在昆明时，因为经济困难不得已卖掉了。1947年去瑞士时，又买回一台一模一样的Zeiss牌相机。他的相册里的许多早期的照片就是用这种相机照的。1949年父亲从瑞士回国后，这台相机就成了我们兄弟三人的"玩物"。20世纪60年代以后，不少照片是由不同的人使用多种相机拍摄的。直到后来，许多照片都是彩色的了。

  父亲去世以后，我们兄弟就开始整理这些照片。三弟丕栋把大量的照片扫描成数字文件，刻成光盘。为了纪念父亲，我们想选出一部分和父亲一生事业有关的照片编成一个集子，印刷出版，留作纪念。有些照片父亲生前加了有关时间和人物的注释，但是有些照片要靠我们兄弟三人去查明。对于一些年代久远的照片，其中的人物已逝去多年，困难就比较大。我们不得不想方设法找到他们的子女，请他们辨认。但终究不少人物不知是谁，并且有个别人可能认错。在辨认人物的过程中，北京大学的姜伯驹院士做了大量的工作，还得到了北京大学档案馆邹儒楠的协助，另外还要感谢尤承业、孙嘉英等同志在辨认人物方面提供的帮助。

除了家中相册里的照片，我们还从各个方面找到了一些与父亲有关的照片。北京大学数学学院的刘化荣和郑春鹏提供了不少照片，南开大学的田冲等提供了父亲学生时代的照片。

北京大学出版社赵晴雪做了大量的编辑工作，也在此表示感谢。

江丕桓

图书在版编目（CIP）数据

数学家江泽涵和他的老师、朋友、学生和家人 / 江丕桓，江丕权，江丕栋编 . — 北京：北京大学出版社，2019.8
ISBN 978-7-301-30431-0

Ⅰ.①数… Ⅱ.①江…②江…③江… Ⅲ.①江泽涵（1902-1994）-生平事迹-摄影集 Ⅳ.①K826.11-64

中国版本图书馆CIP数据核字（2019）第070470号

书　　名	数学家江泽涵和他的老师、朋友、学生和家人 SHUXUEJIA JIANGZEHAN HE TA DE LAOSHI、PENGYOU、XUESHENG HE JIAREN
著作责任者	江丕桓　江丕权　江丕栋　编
责任编辑	赵晴雪
标准书号	ISBN 978-7-301-30431-0
出版发行	北京大学出版社
地　　址	北京市海淀区成府路205号　100871
网　　址	http://www.pup.cn　　新浪微博：@北京大学出版社
电子信箱	zpup@pup.cn
电　　话	邮购部 010-62752015　发行部 010-62750672　编辑部 010-62754271
印　刷　者	天津图文方嘉印刷有限公司
经　销　者	新华书店
	720毫米×1020毫米　16开本　15.25印张　280千字 2019年8月第1版　2019年8月第1次印刷
定　　价	128.00元

未经许可，不得以任何方式复制或抄袭本书之部分或全部内容。
版权所有，侵权必究
举报电话：010-62752024　电子信箱：fd@pup.pku.edu.cn
图书如有印装质量问题，请与出版部联系，电话：010-62756370